Inhaltsverzeichnis

Anmerkung: Liebe Lehrkraft, wir möchten in unseren Materialien niemanden benachteiligen oder diskriminieren. Daher nutzen wir unter anderem das Gendersternchen, um alle Geschlechter anzusprechen. In Texten für Schüler*innen verzichten wir jedoch aus Gründen der besseren Lesbarkeit darauf und nutzen weiterhin entweder die „neutrale“ Form oder Doppelformen. Selbstverständlich sind stets alle Geschlechter gemeint.

Vorbemerkungen und Hinweise

Zum Lesen allgemein

Immer mehr Kinder können sich Texte nicht mehr so einfach erschließen und haben große Schwächen bei den Lesefähigkeiten. Lesen ist jedoch eine Kernkompetenz, auch für alle anderen Fächer und Bereiche sowie eine gleichberechtigte Teilhabe am Alltag.
Lesen eröffnet die Welt der Bücher, die den Blickwinkel erweitern und die Fantasie anregen. Lesen ist auch die Voraussetzung für das Entschlüsseln informativer Texte und damit für die Möglichkeit, sich Wissen anzueignen.

Lesen im Unterricht

Gerade lebensnahe, spannende und auf die Lebenswelten von Kindern zugeschnittene Texte sind der Grundstein für den Erwerb von Lesekompetenzen. Es gibt also Gründe genug, solche Texte Einzug in den Unterricht finden zu lassen! Im Zuge der IGLU-Studie soll Leseförderung nun fächerübergreifend fest im Unterricht verankert werden. Drei- bis fünfmal pro Woche sollen die Schüler*innen je 20 Minuten lang lesen – unabhängig vom Deutschunterricht. Dies stärkt nachweislich das flüssige Lesen, die Fähigkeit zur Textdekodierung und das Leseverständnis. Ein erfolgreiches Modell, das dies so umsetzt, ist das Hamburger Leseband.
Um die 20 Minuten Leseförderung im Unterricht anzubahnen, bietet sich zunächst der Deutschunterricht an. Hier kann der Lesestand von allen Kindern ermittelt und die Methoden zur Leseförderung können geübt und gefestigt werden. Anschließend sollte die Leseförderung fachunabhängig ausgeweitet werden – für ein positives Ergebnis sollten die Kinder mindestens dreimal pro Woche und mindestens 15 Minuten lang lesen. Die verschiedenen Lautlese-Methoden wie Tandemlesen, chorisches Lesen oder dialogisches Lesen eignen sich auch für DaZ-Kinder sowie Kinder mit LRS.

Lautlesen als wichtige Methode

Bei der in der Praxis bewährten Leseförderung werden verschiedene Methoden und Textformen eingebunden und vor allem Lautlese-Methoden angewandt. Eine gut geeignete Methode zur Verbesserung der Lesefähigkeiten und der Leseflüssigkeit sind **dialogische Texte.**
Durch das abwechselnde Lesen der kurzen Dialogtexte entwickelt sich ein Gespräch unter allen Teilnehmer*innen. Jedes Gruppenmitglied muss **aufmerksam den gesamten Text verfolgen,** um seinen Einsatz nicht zu verpassen und die erzählte Handlung nachvollziehen zu können. So wird die Aufmerksamkeit erhöht und die Kinder lesen auch die Sätze mit, die die anderen laut vorlesen. Dies kann in Partner- oder Gruppenarbeit erfolgen. Die dialogischen Texte im vorliegenden Material sind nach der Anzahl der Rollen sortiert. Die Bandbreite reicht von zwei bis sechs Personen und kann dadurch variabel eingesetzt werden. Die Texte sind vom Umfang her so gestaltet, dass sie in der Lesezeit auch mehrmals hintereinander gelesen werden können. Dabei werden die Rollen getauscht. Durch die Wiederholung wird die Leseflüssigkeit deutlich verbessert.
Die Praxis hat gezeigt, dass es sinnvoll sein kann, dass die Kinder den Lesetext zunächst still für sich lesen. Da dadurch eine bessere Grundlage für das Textverständnis geschaffen werden kann, wird auch der Lesevortrag mit abwechselnden Rollen erleichtert. Eine Überprüfung des Textverstehens kann durch Gespräche oder Fragen erfolgen und richtet sich nach der Zusammensetzung der Lesegruppe.

Ermittlung der Lesegeschwindigkeit und -genauigkeit

Eine gute Vorbereitung der Leseförderung seitens der Lehrkraft ist besonders wichtig. Diese sollte zunächst die Lesegeschwindigkeit und -genauigkeit der Kinder ermitteln. Dazu kann sie die Kinder bspw. eine Minute lang den jeweils gleichen Text lesen lassen und markiert sich dabei alle falsch oder holprig gelesenen Wörter. Anhand dessen teilt sie die Klasse in zwei Gruppen ein: Die erste Gruppe setzt sich aus dem schnellsten und besten Leser bis zum oberen Mittelfeld zusammen und die zweite Gruppe aus dem unteren Mittelfeld bis zum schwächsten Leser. Anhand dieser Einteilung können die Kinderpaare und -gruppen für das dialogische Lesen zusammengestellt werden. Wenn stärkere mit schwächeren Leser*innen zusammenarbeiten, profitieren beide davon.

Tipp: Weitere Infos zu den Lautlese-Methoden finden Sie unter: *www.biss-sprachbildung.de/biss-lesefoerderung-hamburg/*

Leserakete: Dies ist eine Lesehilfe für die Kinder. Wenn sie auf festeres Papier kopiert und ausgeschnitten wird, hilft sie dabei, in der Zeile zu bleiben und Wort für Wort zu lesen. Außerdem kann der Lesepass auf Seite 4 dazu genutzt werden, die Kinder auch zu Hause zum Lesen zu motivieren.

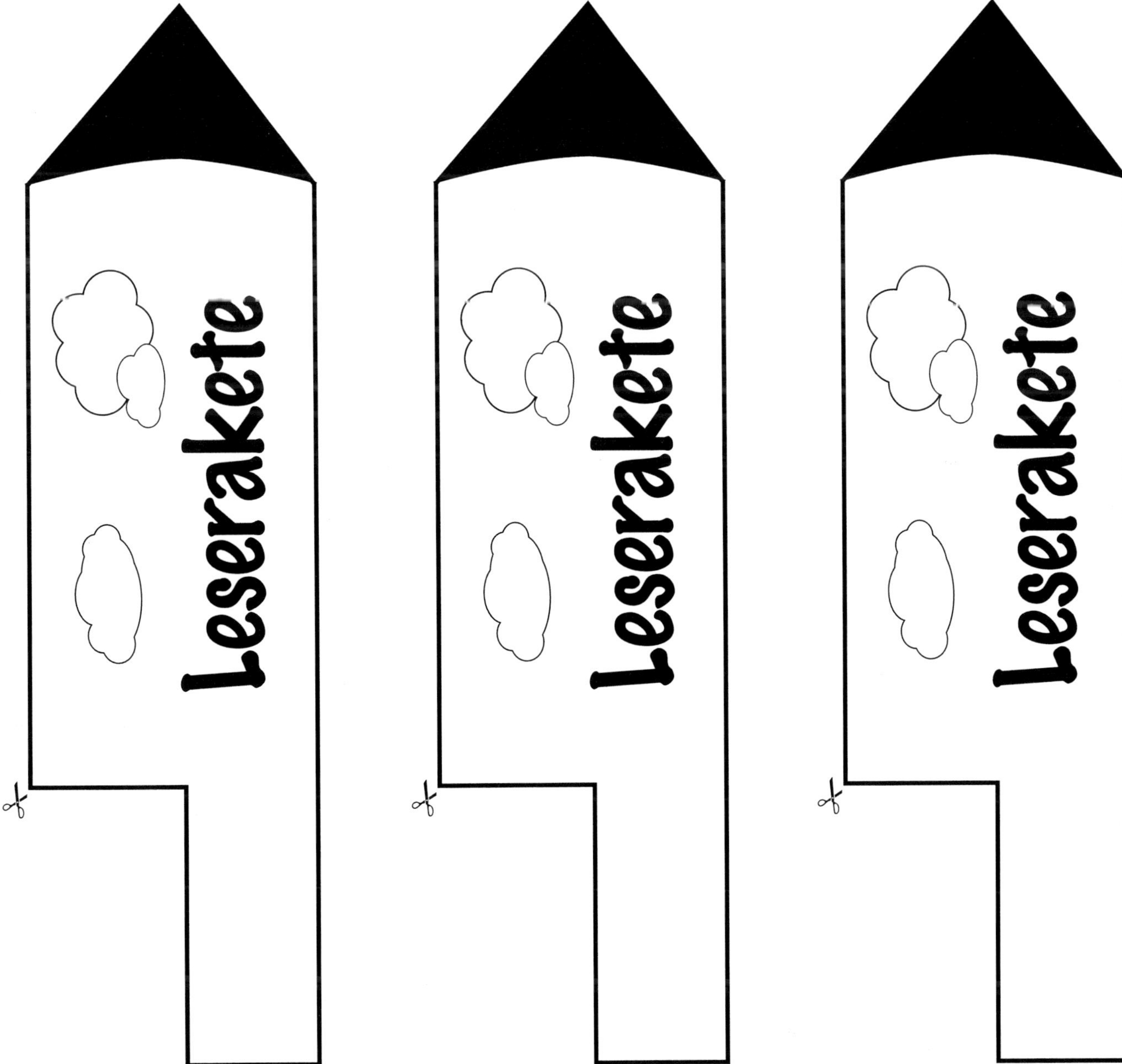

Lesepass

✂ Schneide die Seiten aus und hefte sie hintereinander.

Lesepass

Name: ______________________

15 Minuten gelesen am	gelesen mit / Unterschrift

15 Minuten gelesen am	gelesen mit / Unterschrift

15 Minuten gelesen am	gelesen mit / Unterschrift

Die Klassenfahrt

Rollen:
Hamid • Kiran

Hamid: Hey, morgen geht es los auf Klassenfahrt!
Bist du auch so aufgeregt?

Kiran: Ja, aber ich freue mich auch sehr darauf!

Hamid: Hast du deinen Koffer schon gepackt?

Kiran: Das habe ich am Wochenende schon gemacht.
Es fehlen nur noch meine Zahnbürste und mein Kuscheltier.

Hamid: Du nimmst echt ein Kuscheltier mit? Hast du keine Angst,
dass die anderen dich auslachen?

Kiran: Das ist mir egal, mein Kamikaze ist richtig cool!
Und ohne ihn kann ich nicht gut schlafen.

Hamid: Was ist das denn für ein komischer Name? Ka-mi-ka-ze?

Kiran: Das ist ein Wort aus Japan. Es gab so Kamikaze-Kämpfer,
die sich in jeden Kampf hineingestürzt haben. Dabei haben
sie sich absichtlich in Gefahr gebracht und mutig gekämpft.

Hamid: Okay, aber warum heißt dein Kuscheltier so?

Kiran: Tja, irgendwie stürzt es sich ständig todesmutig vom Bett.
Jedenfalls liegt es morgens immer davor.

Hamid: Das ist lustig! Dann bin ich gespannt, ob es das auch
auf der Klassenfahrt macht! Gehen wir in ein Zimmer?

Kiran: Klar, gerne.

Hamid: Aber ich schlafe oben, wenn wir Hochbetten haben.
Das geht ja jetzt nicht anders.

Kiran: Hmm, eigentlich wollte ich oben schlafen.
Warum geht das nicht anders?

Hamid: Na, weil dann dein Kamikaze so tief fällt!

In der Pause

Rollen:
Sofie • Rajana

Rajana: Endlich große Pause! Ich muss mal an die frische Luft. Mir raucht schon der Kopf vom Lernen!

Sofie: Ja, lass uns aufs Klettergerüst gehen.

Rajana: Nein, lieber nicht. Das ist noch nass vom Regen.

Sofie: Was möchtest du denn machen?

Rajana: Wir könnten doch den Jungs beim Basketball zugucken.

Sofie: Seit wann interessierst du dich denn für Basketball?

Rajana: Mein großer Bruder Matteo spielt doch Basketball in einer Mannschaft und da gab es am Wochenende ein Spiel.

Sofie: Und da hast du zugeschaut?

Rajana: Ja, wir waren mit der ganzen Familie da.

Sofie: Und – haben sie gewonnen?

Rajana: Leider nein. Sie haben ganz knapp verloren. Aber es war so spannend und das Zuschauen hat richtig Spaß gemacht.

Sofie: Bestimmt hatten die Spieler gute Tricks drauf.

Rajana: Ja, das war total cool! Da hab ich richtig Lust bekommen, auch Basketball zu spielen.

Sofie: Aber man muss sicher ganz viel üben, um gut zu spielen.

Rajana: Stimmt – aber ich könnte ja Matteo fragen, ob er mal mit uns spielt und zeigt, wie man den Ball richtig führt und auf den Korb wirft.

Sofie: Super – da hätte ich auch Lust mitzumachen.

Rajana: Dann könnten wir bei den Jungs an unserer Schule in den Pausen auch mitspielen.

Sofie: Gute Idee – da werden die ganz schön staunen, wenn sie sehen, was wir alles können.

Am Reitstall

Rollen:
Pferd Max • Pferd Moritz

Max: Hast du es schon gehört?
Unser Reitlehrer Paul ist krank geworden!

Moritz: Oh, was hat er denn?

Max: Ich glaube, er hat die Grippe!

Moritz: Kein Wunder, so dünn wie er immer angezogen ist.
Und das bei dieser Kälte.

Max: Ja, es geht eben nichts über ein schönes, warmes Winterfell!

Moritz: Du siehst, die Menschen haben es nicht so gut wie wir.
Die müssen sich warme Pullover und Jacken anziehen,
wenn sie frieren.

Max: Nein, wie umständlich. Wenn es Winter wird, bekommen wir einfach unser warmes, dichtes Fell. Keine Erkältung und keine Grippe!
Und Jacken brauchen wir auch nicht!

Moritz: Na, nun sei mal nicht so eingebildet. Die Menschen sind doch sehr nett zu uns, vor allem die Kinder, die immer zu uns in die Reitstunde kommen.

Max: Ja, das stimmt. Sie können auch nichts dafür, dass sie kein Winterfell bekommen. Ich kann das schon verstehen, dass sie sich warme Pullover und Mützen anziehen.

Moritz: Aber heute fällt die Reitstunde wohl aus!

Max: Herrlich, endlich mal ein ganzer Tag zum Faulenzen.

Moritz: Ich finde das sehr schade, wenn die Kinder nicht kommen.
Dann ist es nämlich langweilig. Ich weiß gar nicht, was ich tun soll!

Max: Ich schon. Ich werde heute gar nichts tun, nur von unserem leckeren Heu fressen!

Moritz: Du solltest aber nicht so viel fressen.
Ein bisschen Bewegung wäre doch gut.

Max: Ach, die Kinder bringen auch oft Möhren und Äpfel mit.
Es wäre doch schade, wenn sie heute gar nicht kommen würden.
Und ich will auch gestreichelt und gestriegelt werden.

Moritz: Ich glaube, da kommen Sonja und Mia!

Max: Und Äpfel und Möhren haben sie auch dabei.

Moritz: Also dann wird das heute doch nicht so ein langweiliger Nachmittag!

Im Meer

Rollen: Delfinkind Flip • Delfinkind Fini • Tintenfischkind Tony

Fini: Komm, Flip,
lass uns Fangen spielen.

Flip: Ja, das ist eine tolle Idee.

Tony: Darf ich auch mitspielen?

Fini: Du bist doch ein Tintenfisch. Mit Tintenfischen spiele ich nicht.
Mein großer Bruder sagt, Tintenfische sind böse.

Flip: Komm schon Fini, sei nicht so eingebildet!
Tony ist nicht böse, er ist nett.

Fini: Nein, mit Tintenfischen spiele ich nicht!

Tony: Du bist gemein! Dann suche ich mir eben andere Freunde!

Flip: He, warte mal, Tony! Sei doch nicht gleich beleidigt.
Die Fini ist manchmal etwas komisch.

Tony: Nein danke, mir reicht es. Tschüss!

Fini: Nun komm schon, Flip! Lass uns etwas spielen! Es wird ja schon bald dunkel und dann müssen wir nach Hause.

Flip: Okay, lass uns anfangen. Ich fange dich zuerst!

Fini: Hilfe, schwimm schneller Flip, da kommt ein Hai!

Flip: Oh nein, der jagt ja uns! Kleine Delfine sind die Lieblingsspeise von Haien.

Fini: Hilfe, Hilfe! Warum hört uns denn keiner?
Ich kann nicht mehr!

Tony: Flip, Fini, kommt zu mir! Macht schnell!
Und nun gibt es die größte Tintenwolke, die ihr je gesehen habt.

Fini: Bah, jetzt ist alles ganz dunkel und ich kann gar nichts mehr sehen.
Gleich wird uns auch noch der Hai fressen. Wie furchtbar.

Flip: Das ist großartig, Tony! In dem Tintennebel kann uns der Hai nicht mehr finden.

Tony: Kommt schon, wir sollten uns jetzt lieber in einer Felsenhöhle verstecken.

Flip: Hurra, gerettet! Das war ganz schön schlau von dir, Tony!

Fini: Es tut mir leid, Tony, dass ich so gemein zu dir war.
Du hast uns das Leben gerettet. Natürlich kannst du mit uns spielen, wann immer du möchtest.

Tony: Ja, es wäre schön, wenn wir Freunde sein könnten.

Auf der Wiese

Rollen: Heuschrecke Elmar • Ameise Benno • Raupe Lilli

Benno: Hallo Elmar.
Wie geht es dir?

Elmar: Schlecht. Es hat gestern so viel geregnet und nun ist alles noch ganz nass. Deshalb bin ich eben ausgerutscht. Ich glaube, ich habe mir den Fuß verstaucht.

Benno: Ach, das tut mir leid. Tut es denn sehr weh?

Elmar: Ja, ich habe große Schmerzen. Ich kann gar nicht mehr richtig hüpfen. Fast hätte mich sogar ein Vogel gefangen. Mit letzter Kraft konnte ich mich gerade noch in Sicherheit bringen.

Benno: Du musst dich auf jeden Fall schonen. Vielleicht solltest du mal zum Arzt gehen? Er kann dir bestimmt helfen!

Lilli: Hallo ihr beiden. Ist es nicht herrlich, dass nun endlich wieder die Sonne scheint? Ich habe vielleicht einen Hunger!

Benno: Hallo Lilli.

Lilli: Warum siehst du denn so unglücklich aus, Elmar?

Elmar: Ich bin ausgerutscht und habe mir den Fuß verstaucht.

Lilli: Du Armer, dann machen wir dir einen Verband und du schonst dich ein paar Tage!

Benno: Sag ich ja! Kannst du denn einen Verband anlegen, Lilli?

Lilli: Na klar. Zuerst brauchen wir für den Verband schönes breites und starkes Gras. Benno, könntest du auf die Suche gehen?

Benno: Kein Problem, ich bin schon unterwegs!

Elmar: Benno ist immer so fleißig. Der ist bestimmt gleich wieder da!

Lilli: Tja, da können wir nur warten und ein paar Blätter fressen. Mir ist schon ganz flau im Magen, so einen Hunger habe ich.

Elmar: Ja, so eine kleine Leckerei wäre wirklich nicht schlecht.

Benno: Hallo Leute, da bin ich schon wieder! Ich glaube, der Grashalm ist stark genug, Lilli!

Lilli: Genau richtig! So, nun streck mal das Bein herüber, Elmar. Zuerst ein paar Minzeblätter auf die verletzte Stelle und dann etwas Spucke, damit der Verband auch schön hält. Fertig!

Benno: Das sieht ja gar nicht so schlimm aus, Elmar. Ich glaube, bald bist du wieder ganz gesund.

Elmar: Das will ich hoffen! Vor allem zum Wettspringen der Heuschrecken in zwei Wochen muss ich wieder fit sein.

Lilli: Na, das wird schon klappen. Aber die nächsten drei Tage solltest du dich wirklich schonen und gar keine Sprünge machen. Dann kannst du den Verband sicher wieder abnehmen.

Elmar: Danke, Lilli! Du bist wirklich die netteste Raupe, die ich kenne.

Benno: So, jetzt muss ich aber wieder los. Meine Brüder warten auf der Baustelle auf mich. Hoffentlich gibt es keinen Ärger, weil ich so lange fort war. Tschüss, ihr beiden!

Lilli: Auch für mich wird es Zeit. Ich muss jetzt wirklich etwas in den Magen bekommen. Schließlich möchte ich mal ein ganz besonders schöner Schmetterling werden.

Die Reise

Rollen: Schwalbe Mara • Amsel Theo • Spatz Ernie

Theo: Hallo Mara! Wie geht es dir? Wie geht es deiner Familie?

Mara: Danke gut, aber wir haben noch sehr viel zu tun.

Theo: Das kann ich mir gut vorstellen. Ihr habt ja auch eine weite Reise vor euch.

Mara: Ach ja, jedes Jahr um diese Zeit ist es wieder ein großes Durcheinander.

Theo: Warum denn?

Mara: Das Nest muss noch aufgeräumt werden, damit wir es im nächsten Frühjahr sofort wieder beziehen können. Ich muss auch noch die Kinder füttern, bevor es endlich losgeht.

Theo: Arme Mara! Werden die Kinder denn auch die weite Strecke schaffen?

Mara: Ich denke schon, wir sind schon sehr viele Kilometer zusammen geflogen und haben uns gut vorbereitet.

Ernie: Hallo, ihr beiden! Wie geht's?

Theo: Gut. Mara und ihre Familie bereiten sich gerade auf die große Reise in den Süden vor.

Ernie: Ihr habt es gut! Ihr fliegt einfach dorthin, wo es im Winter schön warm ist. Wir müssen hier zu Hause bleiben und frieren. Und Futter gibt es auch zu wenig!

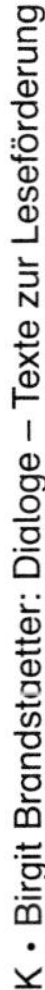

Theo: Nun jammere doch nicht herum, Ernie!
Die Menschen stellen doch Vogelhäuschen auf und füttern uns, wenn Schnee und Eis liegen und wir gar nichts zu fressen finden.

Ernie: Aber ich möchte auch mal verreisen und fremde Länder sehen!

Mara: Du bist albern, Ernie. Du kannst doch nicht so weit fliegen!

Ernie: Doch! Ich kann sehr weit fliegen, wenn ich mir das vornehme.

Mara: Aber Ernie, es ist nun einmal so, dass wir Schwalben im Winter nach Süden fliegen und andere Vögel zu Hause bleiben müssen.

Theo: Sie hat recht, Ernie. So eine Reise ist nichts für uns.

Ernie: Wo fliegst du denn mit deiner Familie hin?

Mara: Wir fliegen über das Mittelmeer bis nach Afrika.

Ernie: Afrika, ist das sehr weit weg?

Mara: Das kann man wohl sagen. Das sind über dreitausend Kilometer.
Wir werden einige Wochen unterwegs sein.

Theo: Und im Frühjahr fliegen sie den ganzen weiten Weg wieder zurück!

Ernie: Das ist aber sehr anstrengend.

Mara: Sicher, aber wir machen das schon viele Jahre so.
Wir kennen den Weg gut und sind die Anstrengung gewöhnt.

Ernie: Meinst du nicht, ich könnte das auch schaffen?

Theo: Unsinn, Schwalben sind viel bessere Flieger als wir beide.
Wir würden auf dem langen Flug verhungern oder abstürzen.

Ernie: Oh, dann bleibe ich doch lieber zu Hause.

Mara: Ja, und es ist so schön, wenn wir bei unserer Heimkehr von guten Freunden erwartet werden.

Theo: Ich habe eine Idee – wir machen für dich und deine Familie eine Party, wenn ihr wieder zurück seid.

Ernie: Und du musst uns von Afrika erzählen, wenn du wieder da bist!

Theo: Ja – da bin ich auch schon sehr gespannt.

Mara: Das mache ich! Tschüss, wir sehen uns dann im nächsten Frühjahr!

Ernie: Fliegt vorsichtig und kommt gesund wieder!

Theo: Tschüss Mara – gute Reise!

Der Fahrradausflug

Rollen: Papa • Mama • Leon • Emilia

Papa: Kinder, sind eure Räder startklar?
Haben wir alles eingepackt?
Limonade, Brote, Teller, Messer und Gabeln?

Mama: Ach, Mist! Ich habe den Kuchen vergessen, den Oma uns gebacken hat. Den hole ich aber noch schnell!

Leon: Also, wir sind fertig!

Emilia: Es kann losgehen, sobald Mama wieder da ist.

Mama: So, da bin ich wieder. Fahren wir los! So einen schönen Tag muss man wirklich ausnutzen.

Leon: Herrlich! Das Beste ist, dass wir keine Schule haben.

Emilia: Einen Fahrradausflug haben wir schon lange nicht mehr gemacht.

Papa: Ich glaube, der See im Wald wäre ein schönes Ziel.
Da ist auch immer etwas Schatten durch die hohen Bäume.

Mama: Meinst du nicht, es ist etwas zu weit? Wir müssen nach dem Picknick den ganzen Weg auch wieder zurückfahren.

Papa: Ach was, das schaffen wir schon. Was meint ihr, Kinder?

Emilia: Na klar, Papa. Für uns ist das kein Problem,
aber für Mama vielleicht?

Mama: Nun seid mal nicht albern. Ich habe schließlich an euch gedacht.

Leon: Naja, wir sind fit und wir haben ja schon ein Stück geschafft!

Emilia: Papa, du schlingerst so komisch!

Papa: Ja, das habe ich auch gerade gemerkt. Das Rad läuft nicht mehr geradeaus.

Mama: Du hast hinten einen Platten.

Papa: Oh, wirklich? Wie blöd!
Wieso muss das ausgerechnet jetzt passieren?

Mama: Unsinn, der Zeitpunkt ist nie der richtige. Ich hoffe, du hast auch Flickzeug dabei. Dann ist doch alles kein Problem.

Papa: Ausgerechnet heute habe ich es nicht dabei. Wie ärgerlich.

Mama: Oh nein! Dann müssen wir die Räder jetzt nach Hause schieben. Das war's mit unserem schönen Ausflug!

Leon: Ich habe aber Flickzeug dabei.

Mama: Leon, das ist ja großartig!

Emilia: Manchmal hast du wirklich gute Ideen, kleiner Bruder!

Leon: Ich denke eben mit. Wenn man einen Ausflug mit dem Fahrrad macht, sollte man immer Flickzeug und eine Luftpumpe dabeihaben!

Papa: So, zuerst müssen wir das Rad herausnehmen und nachsehen, ob wir das Loch finden.

Emilia: Am besten geht es, wenn man den Schlauch ins Wasser hält.

Mama: Aber wir sind doch noch gar nicht am See.

Leon: Klar. Aber mit dem Wasser hier aus der Pfütze geht es vielleicht auch.

Papa: Wir versuchen es mal. Ich werde den Schlauch hineinhalten und ihr achtet darauf, ob Luftblasen aufsteigen.

Emilia: Da, ich habe welche gesehen!

Leon: Ja, da ist das Loch.

Papa: So, dann wollen wir es mal flicken. Dann brauchen wir den Schlauch nur noch wieder aufzupumpen.

Mama: Hoffentlich hält es auch!

Leon: Natürlich wird es halten. Wenn solche Profis wie wir am Werk sind!

Mama: Na, dann kann es ja weitergehen. Unser Ausflug ist gerettet!

Im Zoo

Rollen: Pinguin Freddy • Pinguin Joschi • Pinguin Tobi • Pinguin Baby Bo

Freddy: Wo bleibt denn heute der Pfleger? Es ist drei Uhr! Hat er vielleicht verschlafen?

Baby Bo: Unsinn, unser Pfleger verschläft nie. Er ist sonst immer pünktlich mit unseren Fischen zur Stelle.

Joschi: Das scheint aber heute nicht so zu sein. Schaut mal, wie viele Leute vor unserem Schwimmbecken versammelt sind und auf unsere Fütterung warten!

Tobi: Nun seid doch nicht so ungeduldig! Er wird schon noch kommen!

Baby Bo: Aber ich habe doch schon so einen Hunger.

Tobi: Ich auch, mir ist schon ganz flau im Magen!

Baby Bo: Schaut mal, da ist eine Schulklasse angekommen. Die Kinder sehen auch ganz hungrig aus. Vielleicht sollten wir ihnen gleich ein paar von unseren Fischen abgeben.

Joschi: Du Dummkopf! Menschen essen doch gar keine Fische!

Tobi: Nein, das stimmt nicht. Gestern habe ich ein Mädchen gesehen, das einen Fischburger gegessen hat.

Joschi: Ja, stimmt. Das habe ich auch gesehen.

Freddy: Du Besserwisser. Aber die Menschen essen Fisch nur gebraten oder gekocht. Sie mögen keine rohen, ganzen Fische, so wie wir sie fressen.

Baby Bo: Igitt, mir wird schlecht! Wie kann man nur einen gebratenen Fisch essen?

Joschi: Die Menschen sind schon etwas seltsam. Aber sie können auch sehr nett sein! Sie freuen sich immer so über unsere Kunststücke.

Tobi: Heute werde ich einen Salto vorwärts machen!

Joschi: Angeber, du kannst doch noch gar keinen richtigen Salto.

Tobi: Und du bist kein guter Schwimmer und verpasst immer die besten Leckerbissen.

Freddy: Aber dafür ist er ein guter Taucher und holt die Fische vom Beckengrund wieder hoch, die wir nicht geschnappt haben.

Baby Bo: Jetzt hört doch auf zu streiten!

Freddy: Schaut mal, da kommt endlich unser Pfleger. Und er hat einen großen Eimer voller Heringe dabei. Lecker!

Der Gast

Rollen: Mama Maus • Mäusekind Minnie • Mäusekind Pepi • Maus-Onkel Kasimir

Mama: So Kinder, kommt her. Das Essen ist fertig!

Minnie: Was gibt es denn heute?

Pepi: Oh, Käseauflauf, wie lecker! Und was gibt es zum Nachtisch?

Mama: Das ist eine Überraschung! Aber nun werden erst mal die Hände gewaschen und dann setzt euch bitte an den Tisch.

Pepi: Ja, wir beeilen uns!

Minnie: Es hat geklopft! Soll ich aufmachen?

Mama: Nein warte, das mache ich selbst. Ihr geht alle zum Tisch und setzt euch hin.

Onkel Kasimir: Guten Tag, alle zusammen. Ah, da komme ich ja genau richtig zum Mittagessen.

Mama: Hallo! Ja, du kannst gerne mit uns essen, wenn du möchtest. Rückt bitte ein bisschen zusammen, damit Onkel Kasimir auch noch Platz auf der Bank hat.

Onkel Kasimir: Mmmh, Käseauflauf, meine Lieblingsspeise.

Pepi: Meine auch! Aber iss uns nicht wieder alles weg, Onkel Kasimir! Wir haben nämlich auch großen Hunger!

Onkel Kasimir: Das würde ich niemals tun! Nun gebt mir bitte mal die Schüssel herüber.

Minnie: Mama, Onkel Kasimir nimmt viel zu viel!

Mama: Halt, halt, wir müssen es so aufteilen, dass es für alle reicht!

Pepi: Ich glaube, dazu ist es jetzt zu spät.

Onkel Kasimir: Lecker! Was gibt es zum Nachtisch?

Mama: Es gibt Pudding mit Himbeeren.

Onkel Kasimir: Großartig, das habe ich schon lange nicht mehr gegessen. Ich fange schon mal mit dem Nachtisch an!

Minnie: Aber du isst ja alles alleine auf!

Pepi: Ja, für uns ist kaum noch etwas übrig. Wie gemein von dir, Onkel Kasimir! Das war eigentlich unser Mittagessen.

Onkel Kasimir: So, es hat mir wirklich sehr gut geschmeckt, aber nun muss ich wieder weiter. Tschüss, Kinder!

Mama: Auf Wiedersehen, Onkel Kasimir!

Onkel Kasimir: Was ist denn das? Ist das Mauseloch etwa kleiner geworden?

Minnie: Nein, du hast zu viel gegessen, Onkel Kasimir!

Pepi: Das hast du davon, jetzt passt du nicht mehr durch die Tür!

Minnie: Das geschieht dir recht! Du hast unser ganzes Mittagessen aufgegessen.

Mama: Das stimmt. Das war nicht sehr nett von dir.

Onkel Kasimir: Aber ich war doch euer Gast.

Mama: Auch Gäste müssen sich benehmen und höflich sein.

Pepi: Du bist zu gierig gewesen. So etwas ist sehr unhöflich!

Onkel Kasimir: Hilfe, ich stecke hier im Mauseloch fest und komme weder vor noch zurück. Helft mir doch!

Minnie: Wir können dir nicht helfen. Du musst einfach warten, bis du wieder dünner geworden bist.

Pepi: Du bist selbst schuld, dass du nicht mehr durch die Tür passt.

Minnie: Wenn du das nächste Mal unser Gast bist, wirst du hoffentlich nicht mehr so viel essen.

Onkel Kasimir: Ich verspreche, das werde ich ganz bestimmt nicht wieder tun!

Der neue Mitschüler

Rollen: Lehrerin Frau Filzblock • Soraya • Laura • Amir • Levi

Lehrerin: Guten Morgen, Kinder.
Ich hoffe, ihr seid fit. Wir schreiben heute ein Diktat.

Levi: Oje, mir geht es heute gar nicht so gut!
Ich glaube, ich bekomme eine Erkältung.

Lehrerin: Ach, du bist bestimmt nur aufgeregt.
Dir ging es bis eben ja noch gut.

Laura: Ja, der Levi will sich nur vor dem Diktat drücken.

Lehrerin: Hier drückt sich niemand, Laura. Nun holt mal eure Hefte heraus, damit wir anfangen können.

Amir: Ich glaube, ich habe mein Heft vergessen!

Lehrerin: Das ist nicht schlimm. Du kannst einfach auf ein Blatt Papier schreiben. Vergiss nicht, deinen Namen zu notieren.
Soraya, was machst du denn da unter dem Pult?

Soraya: Nichts Besonderes, mir ist nur mein Bleistift hinuntergefallen!

Lehrerin: Na gut. Sind jetzt alle bereit? Es geht los: Im Winter ...
Was ist das, wer raschelt denn da? Levi?

Levi: Ich habe gar nichts gemacht!

Laura: Doch, du hast einen Kaugummi ausgepackt. Ich habe es gesehen!

Amir: Warum musst du immer alles weitererzählen, Laura?

Levi: Genau, das geht dich doch gar nichts an!

Lehrerin: Keinen Streit jetzt, Kinder. Der Kaugummi gehört wieder ins Papier und nun wird geschrieben: Im Winter fallen … Soraya, was machst du schon wieder unter dem Pult?

Soraya: Entschuldigung, mein Anspitzer ist mir hinuntergefallen.

Levi: Haha, vielleicht möchtest du das Diktat lieber auf dem Boden schreiben.

Soraya: Sei still und lass mich in Ruhe!

Lehrerin: Da raschelt doch schon wieder etwas. Das Geräusch gehört nicht in den Unterricht. Was ist das?

Levi: Ja, ich höre jetzt auch etwas!

Laura: Die Soraya hat einen Karton unter ihrem Pult. Da kommt auch das Rascheln her, Frau Filzblock.

Amir: Dir entgeht aber auch gar nichts!

Lehrerin: Soraya, was ist in dem Karton?

Soraya: Felix ist in dem Karton.

Levi: Wer oder was ist denn Felix?

Lehrerin: Was ist denn los, Soraya? Was hast du da mitgebracht?

Soraya: Felix ist mein Meerschweinchen. Er hat sich an der Pfote verletzt. Am Montag waren wir mit ihm beim Tierarzt. Da hat er einen Verband bekommen. Aber er ist immer noch nicht ganz gesund.

Laura: Warum kann er denn nicht bei dir zu Hause bleiben?

Soraya: Weil mein Papa arbeiten muss und meine Mama heute die Oma im Krankenhaus besucht. Ich wollte ihn nicht so allein zu Hause lassen.

Lehrerin: Das kann ich schon verstehen, Soraya. Aber warum hast du denn nichts gesagt? Eigentlich gehören Meerschweinchen ja nicht in die Schule. Was machen wir denn jetzt?

Laura: Können Sie denn nicht mal eine Ausnahme machen, Frau Filzblock? Felix ist doch klein und stört gar nicht.

Levi: Ja, bitte, wir werden auch ganz leise sein und schön mitschreiben!

Lehrerin: Also gut, dann wollen wir jetzt nicht mehr an unseren neuen Mitschüler denken und schreiben ein Diktat über Meerschweinchen.

Beim Tierarzt

Rollen: Collie Fido • Dackel Bello • Katze Minka • Hase Holly • Igel Igor

Fido: Guten Morgen miteinander!
Ihr seht aber alle sehr traurig aus!

Bello: Wundert dich das? Wir sind ja nicht zum Vergnügen hier!
Ich habe solches Bauchweh!

Minka: Warum denn? Hast du etwas Schlechtes gefressen?

Bello: Nein, ich habe Butterkekse gefressen! Die waren sehr lecker!

Holly: Aber Kekse sind doch kein Hundefutter!

Minka: Hast du denn viele gefressen?

Bello: Nein, es war nur eine ganz kleine Schachtel.

Fido: Butterkekse sind aber doch Menschenfutter. Für uns Hunde ist so etwas gar nicht gesund.

Minka: Stimmt! Schaut mal, der kleine Igel dort, der sieht aber sehr schmächtig aus. Was fehlt dir denn?

Igor: Mir geht es gar nicht gut! Ich habe zu wenig gefressen und deshalb keinen richtigen Winterspeck bekommen.

Bello: Zu wenig gefressen – das ist ja furchtbar!

Igor: Ja, das ist schlimm. Wenn ich mir nicht genug Winterspeck anfuttern kann, habe ich nicht genug Kraft für meinen Winterschlaf und werde krank.

Fido: Wer hat dich denn zum Tierarzt gebracht?

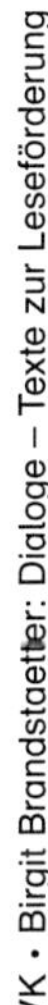

Igor: Die Kinder haben mich im Garten gefunden. Weil ich so gehustet habe, sind sie mit mir zum Tierarzt gegangen.

Holly: Bestimmt kommst du in einen Stall, um dich zu erholen.

Bello: Ja, und dann kannst du so viel fressen, wie du möchtest. Wie schön!

Minka: Du kannst ja wohl nur ans Fressen denken, Bello!

Igor: Hunger habe ich schon! Aber ich bin auch so müde! Warum seid ihr denn hier?

Holly: Meine Zähne sind zu lang gewachsen. Jetzt kann ich nicht mehr so gut fressen. Der Tierarzt wird sie mir etwas kürzer machen müssen.

Minka: Mir fehlt eigentlich gar nichts. Ich werde nur gegen Katzenschnupfen geimpft.

Fido: Das ist aber bestimmt auch nicht schön!

Minka: Oh, das ist eigentlich gar nicht so schlimm. Es gibt nur einen kleinen Pieks. Aber dann bekomme ich keinen Katzenschnupfen.

Holly: Warum bist du denn hier, Fido?

Fido: Ich habe einen Glassplitter in der Pfote.

Bello: Tut so etwas sehr weh?

Fido: Ja, ich kann gar nicht mehr richtig auftreten.

Igor: Wie ist das denn passiert?

Fido: Ich bin mit meinem Menschen durch den Wald gelaufen. Plötzlich lagen dort Scherben aus Glas.

Holly: Hast du sie denn nicht gesehen?

Fido: Nein, ich bin versehentlich hineingetreten.

Minka: Die Menschen sind aber auch dumm. Man kann doch kein Glas in den Wald werfen!

Igor: Das ist einfach rücksichtslos! Es sieht nicht schön aus und ist für uns Tiere gefährlich.

Bello: Oh, Fido, ich glaube du bist jetzt dran. Der Tierarzt kann dir bestimmt helfen.

Holly: Sicher wird er dir einen dicken Verband machen.
In einigen Wochen kannst du wieder richtig gut laufen.

Minka: Alles Gute, Fido! Bald geht es dir bestimmt besser.

Das Fußballspiel

Rollen: Alex • Stefan • Fabio • Emre • Tobi • Manuel

Stefan: Tor! Tor! Es steht 3 zu 0!

Fabio: Gut gemacht, Alex! Du bist unser bester Torschütze!

Alex: Die andere Mannschaft ist aber wirklich sehr schlecht.

Tobi: Das ist unfair. Ihr habt einen Spieler mehr in der Mannschaft.

Emre: Ja, stimmt! Ich habe auch keine Lust mehr weiterzuspielen.

Fabio: Du bist ein Spielverderber, Emre.

Emre: Das ist gar nicht wahr.

Tobi: Ihr seid doch in der Überzahl. Da ist es ganz leicht zu gewinnen.

Stefan: Nun stellt euch doch nicht so an.

Emre: Nein, ich mache nicht mehr mit.

Fabio: Vielleicht können wir noch einen Mitspieler finden. Dann wären wir drei gegen drei.

Tobi: Ja, das finde ich gut. Das ist gerecht.

Stefan: Na gut! Aber wen sollen wir denn fragen?

Emre: Dort drüben steht ein Junge. Den habe ich schon öfter in unserer Schule gesehen.

Fabio: Ja, ich auch. Der ist in unserer Parallelklasse.

Stefan: Wir fragen ihn mal, ob er Fußball spielen kann.

Tobi: Hallo, wie heißt du?

Manuel: Ich heiße Manuel.

Alex: Kannst du Fußball spielen?

Manuel: Ja, das kann ich.

Fabio: Hast du Lust mitzuspielen? Du bist aber mit Emre und Tobi in einer Mannschaft.

Manuel: Kein Problem!

Alex: Ihr habt Anstoß!

Emre: Komm Manuel, schieß schnell den Ball zu mir!

Tobi: Tor! Tor! Es steht nur noch 1:3! Jetzt macht es richtig Spaß!

Emre: Gute Vorlage, Manuel! Du bist ja ein richtig guter Fußballer! Spielst du oft?

Manuel: Ja, meistens mit meiner älteren Schwester. Die spielt fast jeden Tag Fußball.

Tobi: Du bist ein Glückspilz. Meine Schwester interessiert sich nicht für Fußball.

Manuel: Manchmal spiele ich aber auch mit meinem Vater.

Alex: Dein Vater spielt mit dir Fußball? Klasse!

Stefan: Ja, super! Mein Vater hat leider nie Zeit! Manchmal schauen wir uns aber zusammen im Fernsehen ein Spiel an.

Manuel: Aber das ist doch nicht dasselbe!

Stefan: Das weiß ich auch! Aber es macht trotzdem viel Spaß!

Fabio: Mein Vater geht mit mir manchmal ins Stadion. Da ist immer eine tolle Stimmung.

Emre: Das stimmt! Ich war auch schon einige Male mit meinem Onkel dort.

Fabio: Cool. Manuel, bist du auch im Verein?

Manuel: Nein, noch nicht. Aber meine Schwester und mein Vater sind im Verein. Manchmal spielen wir auch alle zusammen!

Stefan: Das ist echt toll, aber jetzt lasst uns endlich weiterspielen. Wir wollen ja noch gewinnen.